京都の値段

文　柏井壽
写真　ハリー中西

プレジデント社

京都の値段●目次

「染井の名水」

水が湧き出ている。
京都御所の東北、梨木神社の境内。
京都三名水のひとつに数えられる「染井」の名水。
水汲みの列は途切れることがない。
水、水菜、女、染め物、みすや針、豆腐、生麩、鰻、松茸。
江戸時代、童歌に歌われた京都名物九つ、真っ先に挙がるのが水。
だがよく見れば、残りの八つのうち、水と直接関係しないのは、みすや針だけ。
後はすべて、京の水がなければ育たない。
京都の文化はすべて水が育てたもの。
京都を旅するお目当て。
京料理。わけても京野菜、京豆腐、京生麩。
京土産。わけても京漬物、京の和菓子。
どれもが京都の水をなくしては、あり得ない。
青竹の先から滾々《こんこん》と湧き出る水、そっと口に運んでみる。
ひんやりと舌に沁み、甘露が喉を滑っていく。
これが京都の原点。0円で味わえる贅沢なのである。
京都の旅は水で始まる。

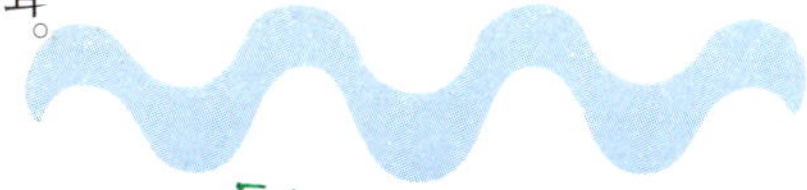

「染井の名水」
京都は、やっぱり、水が良い土地なのかなって思う。豆腐とか、生麩とかお菓子とか、あと染めものなんかも、水が良くないといい物は出来ないからね〜。京都は水に守られている感じがするなぁ〜。

飲んでみたいです。

錦市場「近喜」の小さいひろうす

ひろうす。ポルトガル語だそうである。漢字で書けば飛竜頭。関東でいうならガンモドキ。豆腐の水分を抜き、山芋のおろしたものを混ぜ、油で揚げたものをいい、精進料理はもとより、いわゆる「京のおばんざい」には欠かせない食材である。

飛竜頭。今でこそ豆腐を使うが、ポルトガルから伝来した時には、米粉を水溶きして油で揚げたものを、ひろうす、と呼んでいた。水で溶いた米粉が油に入った瞬間に散る様が空を飛ぶ竜の頭に似ていることから飛竜頭と名付けられたという。

軽く出汁を煮含ませただけでも充分美味しいが、そこに銀餡、または野菜餡でもかければ、立派な一品になる。

木耳《きくらげ》、銀杏、百合根、人参など、具のたくさん入った大きなひろうすも、それはそれで美味しいものだが、ひとつ丸々食べたら、けっこうお腹が膨れる。その点、この「近喜」の小ぶりのものは食感が軽くて使い勝手がいい。いろんなものを少しずつ食べたい、そんな時代のニーズが生んだものだろう。

ところで、この錦市場の「近喜」と、雑誌によく登場する四条河原町を下がったところにある「近喜」とは別の店である。もとを辿れば同じ店だろうが、何代目かで枝分かれした、京都ではよくあるパターン。ちなみに四条の方は「賀茂とうふ近喜」が正式な屋号である。それぞれに、こっちの店でなければ、と熱烈なファンがいて、頑なにこだわるあたりも京都ならではの話。

「近喜」
ここのひろうすは、メチャうまいね〜♥
錦市場に行ったら、絶対、ココで
小さいひろうす買うよね〜♥
ミライと、京都に行きはじめた頃、
錦市場で、食料買って、松喜荘で
食べたなぁ〜。あのときの
味が忘れられません!!

買

中京区錦通富小路東入ル　☎075-2

「長久堂」の桜干菓子

たいていの子供たちは「苦～い」と言って顔を顰《しか》める抹茶、僕はだけど幼稚園の頃から好んで飲んでいたと、ずいぶん後になって親から聞かされた。今でいう三世代住宅、祖父母と寝起きを共にしていたので、おやつの時間は、よく一緒にお茶を飲んだ。

普段は番茶であっても、おやつの時は「いいお茶」という名の煎茶、あるいは紅茶、コーヒーそしてお抹茶。日によって、お菓子によって飲み分けるひとときは子供心にも幸福な時間だった。

少し薄めに祖母が点ててくれる抹茶、飲む前に必ず口に入れるのが干菓子。抹茶碗にお湯を注ぎ、茶筅を入れる、まさにその瞬間に「さぁ、お食べ」、よーいどん、で口にぽいと放り込む。すぐに舌の上で溶け、やがて舌に甘さが染み込んでいく。僕はきっと、この干菓子を楽しみに抹茶を好んで飲んでいたのだろう。干菓子は決まって「長久堂」の「花面」。能面を象《かたど》ったもので、子供の眼にはちょっと怖いが目を瞑《つむ》って口に入れると甘い幸せが訪れる。

この「長久堂」には「きぬた」という銘菓もあり、これも茶菓子としてよく登場した。紅色の羊羹を白い求肥《ぎゅうひ》で包み、和三盆糖をまぶしたもの。干菓子が舌の上ですーっと溶けるのも、この和三盆のおかげだと聞かされて、僕はワサンボン、三本の輪を想像していて、輪三本と書くものだとずっと思い込んでいた。

本物より美しく桜を象った干菓子。有平糖《ありへいとう》の飴菓子も、舌にひんやりと涼しい。目には春爛漫、口の中には初夏の風が吹く。

「桜干菓子」だって〜!!
まぁ、見た目でカワイイよねぇ〜♥
こういう、和三盆を使った干菓子って、
たまらなくウマイ!! でも子供の頃は
「何がウマイんじゃろ?」って思ってたな…
これも、年を取ったからなのか…?

買

北山店　北区上賀茂畔勝町 97-3　✆075-712-440

「鳩居堂」の絵葉書

旅の宿。夕餉の後の昂揚した旅気分に、ふと目にとまった文箱から絵葉書を取り出し、筆をとる。旅先での感動を彼の人に伝える……。

そんな、まどろっこしいことをしなくても、親指一本動かして、ピ、ピ、ピピ。メール一本で事は済む。そんな時代なのだろう。

だからこそ、葉書一葉認《したた》めることが新鮮なのではないだろうか。京の都発ならなお一層。

とはいうものの、真っ白な葉書にさて何を書けばいいのか、考えあぐねて結局仕舞い込んでしまったのでは情けない。

桜、蝶々、季節の絵柄がワンポイント。「鳩居堂」の絵葉書なら、さらりと筆が進む。適度に擦《かす》れの残る和紙の風合いは、悪筆を補って余りある。思いのままを綴ればいい。切手を貼って百十円。メールでは伝えきれない気持ちと京都の空気をこめられるなら安いもの。

そのまま持ち帰って土産にしても気が利いている。

さて「鳩居堂」。店には芳しきお香の香りが立ち込めていて、葉書にも微かに香りが残る。それもそのはず、もとをただせば、店の始まりは熊谷直実《くまがいなおざね》の子孫、熊谷直心《じきしん》が始めた薬種商。転じて薫香作りに挑んだのが今から三百年以上も前のこと。以後、文房四宝を商い続けて老舗の地位を不動のものにした。

正月前にはポチ袋、夏になれば暑中見舞いの葉書を求めて、折に触れ、「鳩居堂」の香りを嗅ぐたび、季節を感じるのが京都人なのである。

「絵葉書」。
こういう絵葉書に、筆ペンで
さらさら〜っと書いて、味のある
おたより(?)にしてみたい!!
字が下手な私にはムリだけど…。
このお店って、屋号がかわいいな♡
「鳩居堂」だって。
ハトがいるのよ。

買

中京区寺町姉小路角上ル本能寺前町 520 ✆07

「出町ふたば」の

豆餅

若狭から京の都へ、日本海の鯖を運んだ鯖街道の終点、出町枡形商店街。その掛かりにある「出町ふたば」の店の前が閑散としている。あぁ、今日は火曜日か、と。それほどにこの店先には定休日以外、ずっと行列が絶えることはない。隣の店の邪魔をしないようにと、峠道のように折り返して、幾重にも列が重なる。お目当てはもちろん名物「豆餅」。

こんもりと丸い餅から、ぴょこん、ぴょこんと豆が飛び出ている。この姿形が愛らしい。取り澄ましたかのような上生菓子より、うんと親近感がもてる。

京都人は、この「出町ふたば」のような店は親しみを込めて「お饅（饅頭）屋さん」と呼び、一方で、上生菓子を商う店は、ちょっと改まった気持ちで「お菓子屋さん」と呼んで区別している。

茶席で出てくるような生菓子は、黒文字を使い、懐紙か菓子皿にのせて食べるが、「お饅」は手づかみで食べるのがふさわしい。

飛び出た豆が幾粒か口に入るように齧《かぶ》りつく。ねっとりとした餅に続くのは、赤えんどうの歯触りとほのかな塩気。その後をあっさりとした漉し餡の甘みが追いかける。

似たような形状であっても、大福餅とは違って、こちらの主役は餡ではなく、豆の絡んだ餅の味わい。それを引き立てるのが漉し餡の役目なのだ。

だからこの菓子は、真ん中の餡のところを先に食べて、残った餅と豆を、指先にくっついた餅を舐めながら絡めて食べるのが正しい食べ方なのである。

買

上京区出町通今出川上ル青龍町 236　075-231-1658

「こんなもんじゃ」の 豆乳ソフトクリーム

200円

人の多い錦市場の中でも、ひときわ目立つ人波の真ん中に「こんなもんじゃ」といういさか風変わりな名前の店がある。

京都の豆腐屋さんの中では比較的浅い歴史ながら、近年めきめき頭角を現してきた「京とうふ藤野」のアンテナショップだ。北野の天神さんに程近い一条通に本店を持ち、豆腐ブティックと称して、これまでになかった新たな店構えで人気を呼んでいる。さらには「とうふ屋のお昼ご飯」を出して外食産業にも乗り出した。最近この店が力を入れているのが豆腐を原料にしたデザート。健康志向の波に乗って行列のできる店になっている。

こうした新興勢力に刺激を受けた老舗が本腰を入れ、互いに鎬《しのぎ》を削り、さらに市場を広げていくのも京都の底力である。豆腐屋さんの店先が日に日に賑やかさを増していくのは楽しいものだ。

牛乳の代わりに豆乳を使ったソフトクリームは、とろーりとろける舌触り、控えめな甘さが絶妙。豆臭さは微塵もないけれど、いかにも身体によさそうなのが、人気に拍車を掛ける。

京都の変わりソフトクリームはこれだけではない。元祖ともいえるお茶屋さんの抹茶ソフト、七味屋さんの七味ソフト、さらには伏見の酒を使った吟醸ソフト、なんてものまである。百花繚乱、京の街角にソフトクリームが似合うかどうか、意見の分かれるところだろうが。

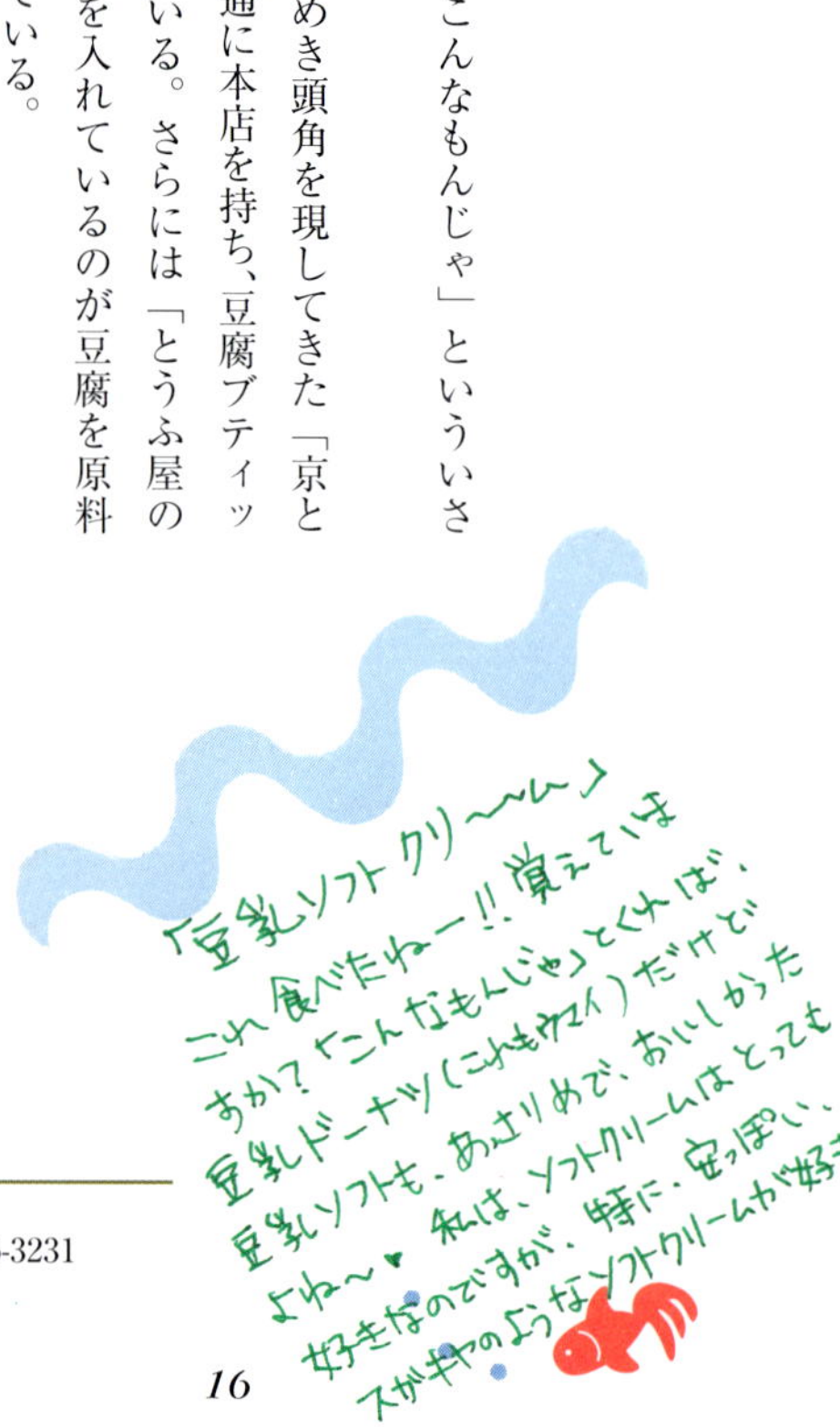

「豆乳ソフトクリ〜〜ム」
これ食べたねー!! 覚えていま
すか? 「こんなもんじゃ」とくれば、
豆乳ドーナツ(これもウマイ)だけど
豆乳ソフトも、あっさりめで、おいしかった
よね〜♥ 私は、ソフトクリームはとっても
好きなのですが、特に、安っぽい、
スガキヤのようなソフトクリームが好き♥

中京区錦小路通堺町西北角　☎075-255-3231

「よーじや」の

ユニパック

今や京都を訪れる修学旅行生のお土産ナンバーワンといわれる「よーじや」のあぶらとり紙。近年突如として大ブレークした商品だが、その歴史は古く大正時代に遡る。

「よーじや」その店名は、当時歯ブラシのことを指した楊枝に由来する。明治末期に創業し、化粧品を中心に、日常雑貨を商う、どちらかといえば地味な店だったが、大正初期に売り出した「あぶらとり紙」が八十年の時を経て、一躍脚光を浴びることとなった。

京都旅、大きさも値段も手頃で、かつ、さほどその存在が知られていなかったこの商品、格好の京都土産として人気を集めたのだ。

もとをただせば、金箔を打ち伸ばす際に使われた和紙。「よーじや」はこれを、使い切りの小さな手帳サイズに切り替えたことで成功を収めた。発想の転換。いうなればアイデア商品。

そこでこのユニパック。

小はマッチ箱サイズから、名刺、手帳サイズまで三種類の透明ビニール袋のアソートセット。「よーじや」お得意のサイズ、顔ロゴが何とも愛らしい。さて、何を入れようかと考えるだけでも楽しい。

まず一番小さいのにはサプリメント、デジカメのメモリーカード。中くらいのはスタンプカード、目薬。大きいのにはリップクリーム。旅行の準備をいっそう楽しくさせてくれそうだ。

「あぶらとり紙」ほどには知られていないので、京都土産にもおすすめ。

「よーじや」.
「よーじや」って、前はあんまり興味
なかったの。実は…。混んでる
しね！でも、ここの、ハンドクリームが
とても良かったの!! スベスベになるし、
香りも良かったの。買ってはないんだ
けど、ちょっともらったら良かった!!
次は買う!!

買

祇園店　東山区祇園四条花見小路東北角　☎075-541-0177

Yojiya.
Yojiya.
Yojiya.

「湯波半」の 200円 引き上げゆば

豆腐、生麩と並んで、京都の三大人気食材である生湯葉。低カロリー高タンパクの植物性食品は近年の健康志向もあって、その人気は鰻登り。これらを商う店も急増している。ではあるが、湯葉の歴史は千年にも及ぶ。鎌倉時代に中国の禅僧が、その製法を日本に伝えたといわれ、精進料理の主要食材として寺方から、公家、やがて町方へと、時代とともに広まっていった。

煮立てた豆乳の表面に出来るのが湯葉。

豆腐の上側がやがて、うわ、うば、ゆば、へと転じたのが湯葉の語源とされている。

豆乳の煮えばな、最初に出来る上澄みが「汲み上げ湯葉」、その後が「刺身湯葉」、さらに煮立った後に出来る厚めの膜が「引き上げ湯葉」。ここまでが生湯葉で、それから後に出来たものは乾燥させて「乾し湯葉」になる。

後から出来るものほど日持ちがいい。とはいえ、乾し湯葉を土産にするのも味気ない。引き上げ湯葉あたりがちょうど頃合い。

そのまま造りにして山葵醤油で食べるのが一番だが、湯葉の出来不出来がはっきりわかる。

創業三百年にもなろうかという老舗中の老舗、「湯波半」の「引き上げゆば」なら豆の香りも生きていて、舌触りも、つるりと滑らか。

朝早く本店を訪ねてのつまみ食いがおすすめ。老舗の温もりに心が和らぐ。

「引き上げゆば」
湯葉って、ウマイのよね〜♥
ワサビ醤油で食べるのが、最高にウマイと思っています!!
この湯波半というお店の湯葉は豆の香りも残っているそうな…。
是非食したい…。お店で、ツマミ食いが、出来るのかしら？
MILK

買

中京区麩屋町通御池上ル ✆075-221-5622

「一保堂茶舗」の いり番茶

クセになる香りである。

とはいっても、普通の緑茶のような繊細な香りではなく、たとえるなら焚き火の傍、あるいは葉巻の煙。そんなワイルドな香りがこの「いり番茶」の身上である。

一番茶を摘んだ後、切り落とした枝や茎、葉っぱを長時間蒸す。それを揉まずに乾燥させ、仕上げに高温に熱した鉄板の上で三分ほど強火で煎って出来上がり。

独特の芳ばしさと後口のよさで食後にちょうどいい。

「草食《そうじき》なかひがし」や「よねむら」など、京都の料理屋で食後に出されるのは多くがこの「一保堂」のいり番茶。「京番茶」と呼ばれるほどに京都では慣れ親しまれているお茶だが、慣れないうちは、この香りが気になるようで、初めて飲んで不良品ではないかと問い合わせる向きもあるらしい。まずはお店で試してから。

デパ地下の出店でも売っているが、できれば寺町二条の本店で求めたいところ。

寺町通、その名が示すように、かつてはお寺がずらりと軒を並べていたが、今は画廊や骨董商、和紙の店など、京都ならではの文化が薫る商店街になっていて歩いて楽しい街並みである。なかでも「一保堂」の店先には老舗独特の風格が漂っていて、「茶」、の文字がどっしりと構える暖簾をかき分け、店に入ると享保年間創業の歴史が醸し出す空気が何とも心地いい。

買い求めたなら、大きなやかんにお湯を沸かし、沸騰したら火を止めて、ふたつかみほどを入れて待つこと十分。

ほっこりと、京都が香り出す。

「一保堂茶舗」
このお店は、東京のデパ地下
にもありますなぁ〜。名古屋にも
ありそうだけど、あるのかな？有名
すぎて、買ったコト無いのですが…。
でもこの「いり番茶」っておいしそう♥
想像しただけで、お茶の香ばしい
かおりが ただよってくるようです…♥
本店に行ってみた〜!!

買

中京区寺町通二条上ル　☎075-211-3421

「大文字送り火」の

護摩木

京都の夏といって、誰しもが思い浮かべるのが「祇園祭」と通称「大文字」「五山の送り火」。真夏の暑さは実際には二カ月以上も続くのだが、歳時記的に言うと、「祇園祭」から「五山の送り火」まで、京都の夏はひと月余りと短い。

夏の始まりは心が浮き立つが、夏の終わりは心寂しい。

夏の盆、六道珍皇寺の迎え鐘で迎えた先祖を送り火で彼岸へ送り帰す。家々だけでなく、京の街、こぞって送る火が「五山の送り火」なのである。山焼きとは根本的に意味合いが違うもの。決して「大文字焼き」とは呼ばないようご注意あれ。京都を何も知らない、と自ら宣言するようなものだから。

五山、の名のとおり、京都盆地をぐるりと囲む五つの山に送り火が灯される。

鳥居だけは洛西嵯峨にあるので市内中心部からは見づらいが、後の四つは、少し移動すれば市内のあちこちからすべてを仰ぎ見ることができる。

主役はやはり東山如意ケ嶽の大文字。大の字に広がり燃え盛る炎、ここにくべる護摩木を大文字山の麓、銀閣寺の門前で当日の朝、奉納できる。三百円を納め、願いを書き入れ火床へと運んでもらう。

賀茂川の河原、出雲路橋辺りからのプロポーションが一番綺麗だ。炎の中に納めた木札があれば想いはいっそう深まる。揺らめく炎の中で、そっと先祖が見守ってくれている。

歩見

大文字保存会

「護摩木」。
今まで「五山の送り火」って、言葉、
名称はもちろん知っていたけど、
意味を考えたコトなくて…。送り火って
お盆の時の送り火なのね…。規模が
大きくて、思ってもみなかったです…。
ご先祖様を、一斉に、送り出す
イメージです。

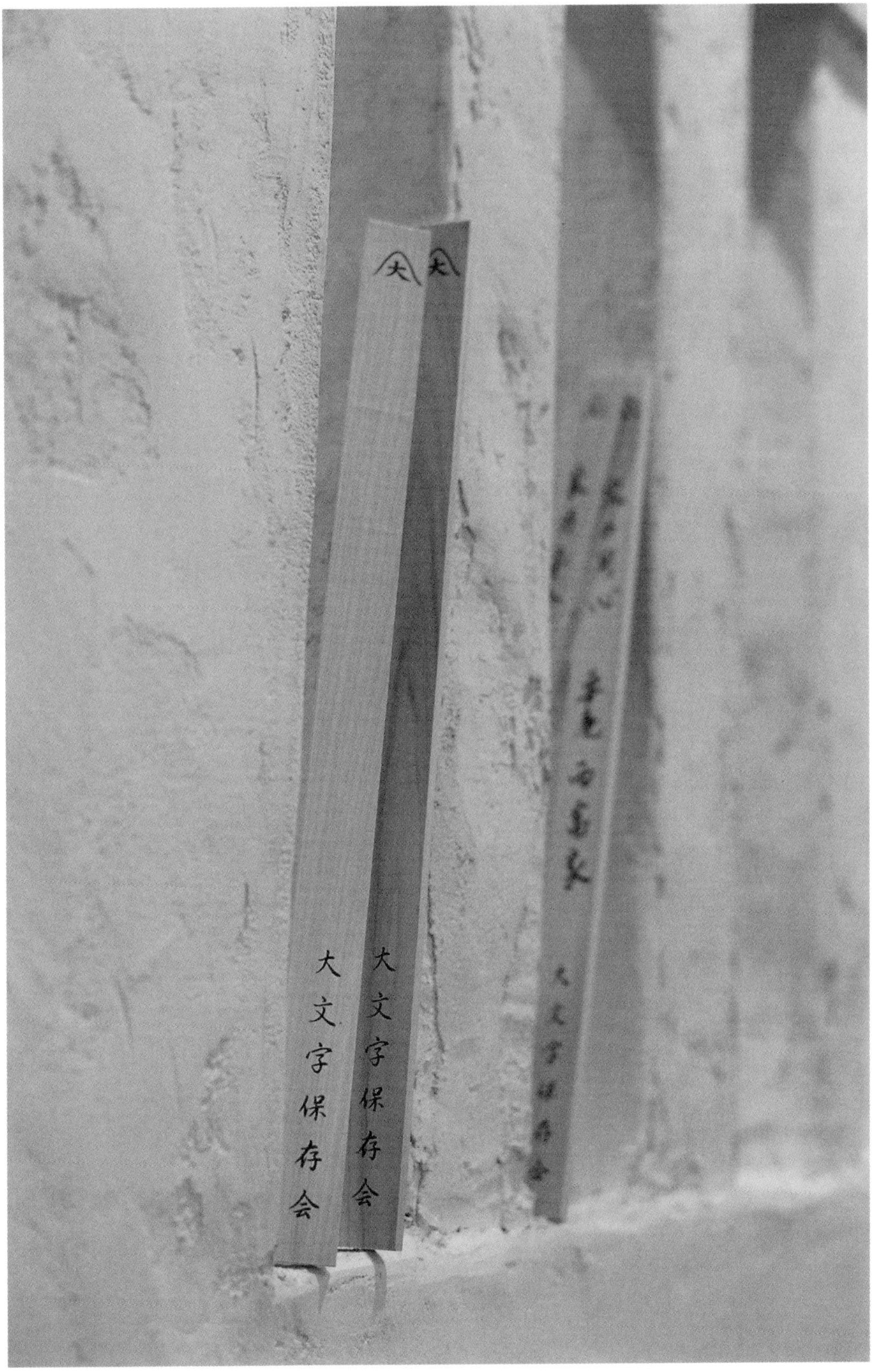
大
大
大文字保存会
大文字保存会

「大弥食堂」の

かやくうどん

関東がそばなら、関西はうどん。近頃では讃岐うどんが人気を呼んでいるが、うどんの本場はやっぱり関西。なかでも大阪代表は「きつねうどん」、落語なら「けつねうろん」。対する京都代表といえば、「かやくうどん」だろう。

かやくといって思い出すのは、カップ麺に必ず付いてくる小袋。フリーズドライにされた蒲鉾や葱。加薬と書いて、かやく。もとは漢方薬の用語で、転じて、関西のうどんやご加える具を指すようになった。

店によって多少の違いはあるものの、たいていは、蒲鉾、板麩、厚焼き玉子、甘辛く煮つけた椎茸、海苔、三つ葉、などなど。

関東でいう「おかめうどん」。こちらは、同じような具を、おかめの面のように並べたことからその名が付いた。

椎茸以外は具に味がついていないので、出汁の味がストレートに出る。

八十をとうに越えた名物お婆さんが早朝から出汁をとって準備する店、京都駅にも程近い、本願寺の傍にあるので、早朝に京都に着いた観光客の朝食代わりとしても知られている。

かやくうどん三百円也。世界中どこにでもあるファーストフードの店なら同じ値段で飲み物まで付くと嘯《うそぶ》く友人にすすめたら、やみつきになったと見えて、今やすべてのメニューを制覇したと自慢している。

出汁、うどん、そして具。三位一体となった味わいは三百円で味わえる京料理の原点と言ってもいいだろう。

「かやくうどん」
実は…本当は…うどんより、そば
派なのです。が。しかしっ!! かつお
出汁がじわ〜ってきいている おうどん
は、疲れた体には、しみわたる〜のです。
しかもこのお店、かやくうどん1杯300円
だって。安いのです。

下京区下珠数屋町通東間之町東入ル　☎075-371-1194

「船岡温泉」の 
340円
入湯料

京都の街を歩いていると、あちこちで「ゆ」、銭湯の暖簾を見かける。それもたいていがレトロな建物で、街並みにしっくりと溶け込んでいる。

京都はまた、学生の街でもある。今のリッチな学生生活からは考えも及ばないが、かつて京都の街に下宿していた学生たちは、そのほとんどが内風呂を持たない貸間暮らしで、当然ながら近所の銭湯を利用していた。

下宿という言葉さえ死語になりつつある今、ワンルームマンションには必ずといっていいほどユニットバスが備わっていて、銭湯で学生の姿を見かけることはほとんどない。

ピーク時の昭和三十年代には六百軒あったという京都市内の銭湯も今や半分以下にまで減ってしまった。さらにはスーパー銭湯なる大規模なレジャー施設まで登場、防戦一方の町場の銭湯を支えているのはお年寄り、銭湯マニア、そして旅行者である。

今ある銭湯の多くは大正から昭和の中頃までに建てられたもので、アプローチ、佇まいからしてノスタルジーを掻き立てられる。その代表ともいえるのが、洛中西陣にある、この「船岡温泉」。

まるで温泉地の老舗旅館のような玄関、暖簾を潜《くぐ》ると脱衣場の天井から欄間に至るまで、見事な彫刻がさまざまな物語を思い起こさせ、タイル絵の富士山、マジョリカタイルの花模様、と見どころは尽きない。

大徳寺参詣の帰途、ふらりと立ち寄り、ジェット風呂、露天風呂で汗を流す。三百四十円で身体も眼も、ほっこり喜ぶ。

北区紫野南舟岡町 82-1　✆075-441-3735

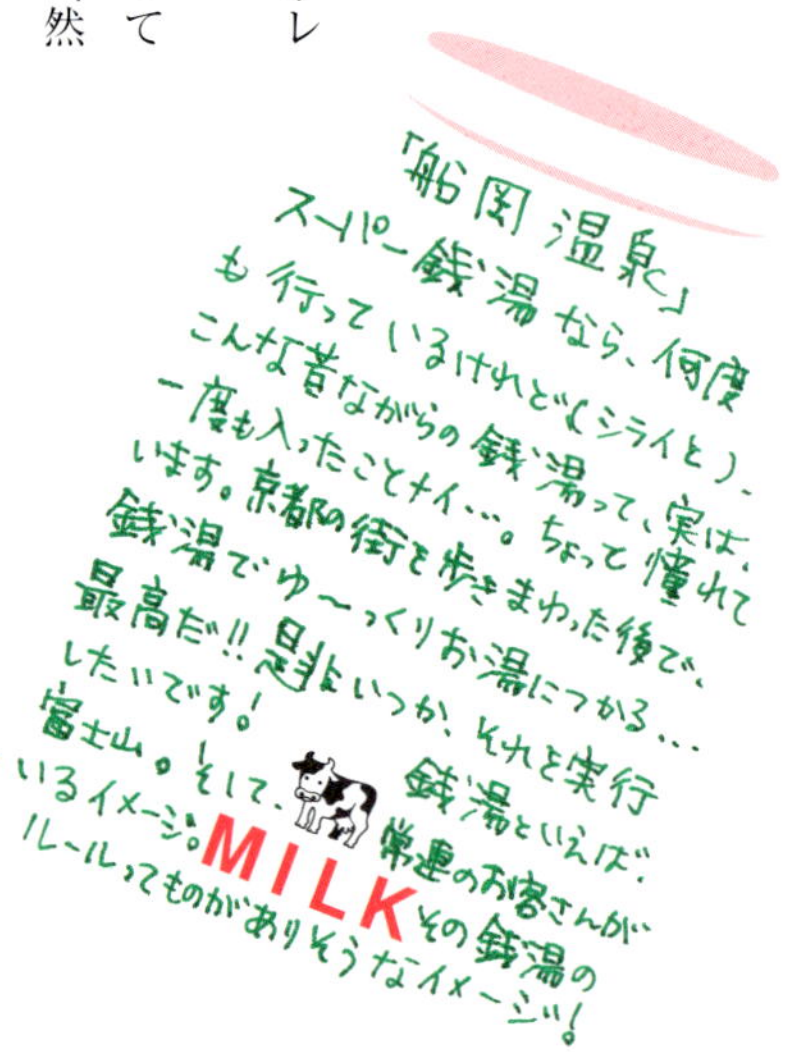
「船岡温泉」
スーパー銭湯なら、何度
も行っているけれど(シライと)、
こんな昔ながらの銭湯って、実は、
一度も入ったことナイ…。ちょっと憧れて
います。京都の街を歩きまわった後で、
銭湯でゆ〜っくりお湯につかる…
最高だ!! 是非いつか、それを実行
したいです!
富士山。そして、常連のお客さんが
いるイメージ。
MILK
その銭湯の
ルールってものがありそうなイメージ!
銭湯といえば

「紫野源水」の 涼一滴

「お饅屋さん」と「お菓子屋さん」の違いは先に書いた。この「紫野源水」は後者の方である。とはいっても、業種として厳密に区別されているわけではない。京都人の胸のうちで、自然とそう分類されているだけなのである。

では、何を基準に区別するかというと、自分で食べるか、親しい人にちょっとした手土産に使うのが「お饅屋さん」の菓子で、改まった時にお使いものにするのが「お菓子屋さん」の菓子なのである。これを間違えると京都ではちょっと困った事態に陥る。無礼、あるいは無知、という烙印を押されてしまうのだ。

ではあるが、その違いを深刻に考えなくても菓子屋の方で教えてくれる。

例えばこの店を訪ねて「涼一滴」を五個買い求めるとしよう。すると決まってこう尋ねられるだろう。

「お箱はどういたしましょう」続いて、

「お熨斗《のし》はどうさせてもらいましょう」と。

箱に入れる、すなわち、改まったお使いもの、なのである。

老舗の菓子屋ほどには敷居が高くなく、土産物屋ほどにはありふれていない。実に重宝な店である。季節の上生菓子も麗しく、もちろん自分用に買い求めてもいい。

菓子は、その菓名も大事な要素。「涼一滴」、何と涼しげな響きだろう。賀茂川の源流から湧き出る岩清水をも想わせる。ひんやりとした舌触り、あっさりとした甘みが暑さを和らげてくれる。

「涼一滴」。
お茶をやるようになって、和菓子に興味を持つようになりました。その前までは、実はあまり好きじゃなかったの…。
でも、知れば知る程、和菓子程、繊細なお菓子ってないな〜って思う。菓名も、その作る職人さんのセンスが光るのです。「涼一滴」なんて、本当に涼しそう。夏の中の涼やかさを表しているようです…。食べてみたい…。
結局、食欲なのです…。

食

北区北大路

「麩嘉」の

ちらし麩

麩、読み仮名としては、ふ、なんだろうけど、京都ではたいてい、ふう、と発音している。さらに親しみを込めて、ふうさん、と呼ぶことすらある。

例えば、すき焼きを食べていたとして、母親が言う。

「ふうさんばっかり食べてんと、お肉も食べんと大きいならへんえ」

一度ならずも子供の頃にそう言われた経験があるのが京都人、それほどに麩を好むのだ。もちろんこの場合は焼き麩。ここでいう生麩とは性質の異なるものだが、いかに京都といえども、生麩が簡単に入手できるようになったのは近年のこと。それまでは乾物の麩を戻して食べていたわけである。

夏の祭礼、ご馳走はちらし寿司。学校から戻ると、むせかえるようなお酢の香りが家中に広がっていて、仕上げの段階、お湯で戻した花麩を飾りつけて出来上がり。まったく歯ごたえのない焼き麩と違って、むっちりとした麩の感触が何とも嬉しかった記憶がある。

時を経て、笹に包まれた麩饅頭を初めて食べたのが生麩デビューだったか。それがこの店「麩嘉」製。もちろん「ふか」ではなく「ふうか」と読む。以降、正月の雑煮には色鮮やかな手毬麩、串に刺して生麩田楽と生麩料理のバリエーションは広がり、今や冷凍庫には生麩を常備するようになった。

それでもやっぱり戻した麩の味わいも懐かしく、この「麩嘉」のちらし麩も食品庫には欠かせない。

「麩嘉」
ああっ麩嘉…あの笹に包まれた
麩饅頭が忘れられない…。生麩
なんて、京都に来て、初めて食べました。
錦市場のこの麩嘉は、フラフラっと寄って
いってしまいます。あのモチモチっとした食感が
忘れられないのです…。でもこの「ちらし麩」って
知らなかった!! とってもカワイイ♥ お吸物や
ちらし寿司にこのお麩が入ってたら
感動しちゃう! 次は
是非買って帰ろう。

買

錦店　中京区堺町錦小路角　075-221-4533

「野呂本店」のしば漬け

400円

京都を訪れた旅人、恐らくは半数以上が漬物を土産に買って帰るのではなかろうか。比較的嵩《かさ》も低く、値頃で、何より貰い手を選ばないのがいい。万人に向く京土産といっても差し支えないだろう。

老舗、名店、数ある中で、あの店、この店、と各人各様、好みが分かれる。浅漬けはここ、糠漬けはあそこ、とアイテム別に店を使い分ける向きも少なくない。

僕はしかし、漬物全般、お使いものにはこの「野呂本店」とおおよそ決めている。

むろん食べてみて美味しかったから、というのが、その第一の理由だが、他に出店がない、のも、この店を選ぶ決め手になった。せっかく京都まで来て買って帰ったのに、東京のデパートに並んでいたのでは、ありがたみが薄れる。

寺町通今出川上ル。京都御所に程近い洛中に構える店、「野呂本店」の漬物は、ただここ一軒でしか買えない。季節に応じて、さまざまな京野菜の漬物が並ぶが、夏の楽しみはしば漬けに限る。

洛北大原特産の「ちりめん赤紫蘇」ならではの鮮やかな赤紫に夏野菜が染まる。

平清盛の娘、建礼門院は平家滅亡の後、出家して大原寂光院で余生を送り、大原の里人たちは尼僧を手厚くもてなした。贈られた品々の中でも一番のお気に入りがこの、しば漬けだったという。栄華を誇った古《いにしえ》を思い出させる紫色。建礼門院はこの漬物を「紫葉《むらさきは》漬け」と名付け、後にそれが「柴《しば》漬け」に転じたという。そんな里人の心が今もこの漬物には込められている。

買

上京区寺町今出川上ル立本寺前町 77　✆075-231-0749

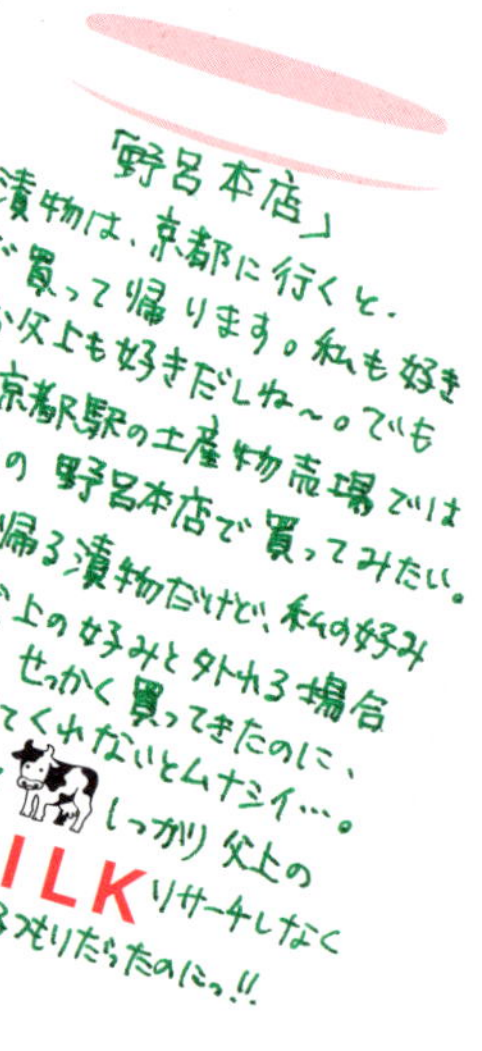
「野呂本店」
漬物は、京都に行くと、
必ず買って帰ります。私も好き
だし お父上も好きだしね〜。でも
今度は 京都駅の土産物売場では
なくて、この 野呂本店で 買ってみたい。
いつも買って帰る漬物だけど、私の好み
で買うと、父上の好みと外れる場合
が多々あり。せっかく買ってきたのに、
あんまり 食べてくれないとムナシイ…。
今度は前もって しっかり 父上の
お好みを リサーチしなく
ては…。
知っているつもりだったのにっ!!
MILK

「聖護院八ツ橋総本店」の

カネール

「八ツ橋」と言えば、煎餅のようなかたい焼き菓子。子供の頃にはそんなイメージだったのが、時代の移り変わりとともに、やわらかい生八ツ橋が主流になってきた。首振り人形でお馴染み、餡を包んだ三角形の生八ツ橋が一世を風靡したからである。

江戸時代から作られていたという八ツ橋が、広く知られるようになったのは明治の末期。保存の利く京土産として、駅の売店、今でいうキヨスクで売られるようになってからのことである。当時から京都の和菓子は人気商品だったが、多くは生菓子、日持ちがしないことから土産には向かなかったようだ。そこへいくと、この八ツ橋はかたく焼き上げられているので、日持ちもよく、形崩れもしにくいことから人気を呼び、異国の香りがする肉桂《シナモン》の風味も相俟《ま》って飛ぶように売れたという。

時代は巡る。

修学旅行生の京土産ナンバーワンとまで言われる「粒餡入り生八ツ橋」。今や誰もが八ツ橋といえば生八ツ橋を思い浮かべるようになった。となると、人間というのは勝手なもので焼いた八ツ橋が懐かしくなる。

今食べてみるとかえって新鮮かも知れないとばかり、デパ地下で八ツ橋の出店を覗いてみた折、偶然見つけたのが、この「カネール」である。

懐かしい味わいと香りながら、細巻きスタイルが新しい。さらにはコーヒーフレーバーになると、苦味が効いて、とても八ツ橋とは思えない。まさに大人の京土産。ヒットの予感。

買

本店　左京区聖護院山王町6　✆075-752-1234

「八ツ橋」
八ツ橋はお好きですか？。私は
実はあまり好きじゃないのです。食べる
けどね～。でも京都行ったら必ず買って
帰るのです。何故なら姉上が、とっても、とっても
大好きだから…。でも八ツ橋と言っても、生八ツ橋。
固い八ツ橋を買って帰るとおこられます…。
ちなみに、ウチのローリーさんも
八ツ橋が大好きです…。
へんな犬…。

「原了郭」の

粉山椒、黒七味

京都人はとにかく山椒が大好きだ。

それは京都という土地が山椒の木が手近にある山国であることと、においの強い川魚を食べる機会が多いことから。山椒は季節を告げるメッセンジャー。山椒の木が香り出すと京都人は春到来を感じる。底冷えの京都で何より待ち望まれる季節、それが春。

春を告げるジャパニーズスパイス、山椒。

木の芽、花山椒、実山椒、季節の微かな移ろいとともに短い山椒の変化《へんげ》を楽しむ。しかしその旬はすぐに終わる。

行く春を惜しむ気持ちからか、何とか年中この山椒、香りだけでも楽しめないものか。

ならば粉山椒。これこそが京都の香り。

かのスペインの奇跡のレストラン「エル・ブジ」のフェラン氏も山椒の香りに魅せられたひとり。

それはさておき、京都人はこの粉山椒、何にでもふりかける。鰻重、もちろん。カツ丼、当然。きつねうどん、赤出汁、焼き鳥、ブリの照り焼き。パラパラ、パラパラ。まるで魔法の粉。「原了郭」、近頃人気は「黒七味」。「マイ黒七味」とばかり竹筒をこれ見よがしに取り出しては自慢げにパラリ。

それではあまりに品がない。ハンカチに挟んだ小袋をそっとパラリ。これなら目立たず、さらには香りを封じ込め、絶えず新鮮。バッグの中には小袋入りの粉山椒と黒七味。一回分十五円足らずの贅沢。これで貴方も京都人。

買

東山区祇園町北側 267　✆075-561-2732

「祇園祭」のちまき

コンコンチキチン、コンチキチン。京都の夏は祇園祭のお囃子とともに移ろいゆく。

祇園祭、一般的には七月十七日の山鉾《やまぼこ》巡行、前日の宵山《よいやま》だけが祭りと思われがちだが、実際の祇園祭は、まだ梅雨真っ最中の七月一日、吉符《きっぷ》入りから始まって、夏真っ盛りの三十一日、疫神社の夏越祭まで一カ月間続く。まさしく京の夏祭りである。とはいってもハイライトはやっぱり宵山と山鉾巡行。

宵山の夜はたいていにわか雨が通り過ぎ、軒を求めて浴衣姿が逃げまどう。山鉾巡行の当日は三十二基の山鉾から撒かれる粽《ちまき》求めて、また浴衣姿が左右に揺れる。それもしかし、今は昔。事故防止のために粽投げは禁止され、八坂神社、山鉾町内の会所で求める。値段も山鉾それぞれによって異なり、粽を買うと山鉾に上がらせてくれるところもあるが、すべてではない。また女人禁制のところもあるのでご注意を。

古く、素戔嗚尊《すさのおのみこと》が一夜の宿を求めた蘇民将来《そみんしょうらい》の家で、貧しい中で精一杯のもてなしを受けたことに感動し、蘇民将来の子孫を疫病から守る徴《しるし》として、茅の輪を腰に着けたのが起こりとされ、やがて茅巻きから粽へと転じた。

持ち帰って、玄関の軒下に吊すと疫病神が退散すると伝わっている。

一年が過ぎ、また新たな夏がやって来ると、一年の無事を感謝し、粽を納めに八坂神社へ参る。夏から夏へ、一年の橋渡しを担うのが粽である。

山鉾連合会　✆075-223-6040

「祇園祭」

今まで、何度かシライと京都に行っているけれど、お祭の頃には一度も訪れていないね。その頃は、京都も、とっても混んでいるし、祇園祭の頃なんて暑いだろうし。でも、一度お祭の頃の京都に行ってみたいな〜。葵祭にも一度行ってみたいな〜。人がすごいかな〜。でも行ってみたいな〜。

ちまきは小学校で給食で出ました。

岩戸粽
蘇民将来子孫者也

「亀屋粟義」の

みたらし団子

夏本番。土用の丑の日といえば、鰻。江戸の名コピーライター、平賀源内発案といわれる土用鰻が真っ先に思い浮かぶが、京都人にはこの日に行われる御手洗祭、別名足つけ神事の方が馴染みが深い。

賀茂川と高野川が合流し、鴨川となる、ちょうど合わせ目にあるのが下鴨神社。その境内末社である御手洗社の池で行われる例祭である。御手洗社に祀られる瀬織津姫《せおりつひめ》は罪穢れを除いてくれるありがたい神。この日、池に足をつけ、灯明を供えて御神水を頂くと万病除けになると伝わっている。

この池はまた、京都三大祭のひとつ、葵祭でも重要な役割を担っていて、祭りのヒロイン斎王代《さいおうだい》がこの池で手を清め、人形《ひとがた》を流して罪穢れを払う御禊《ぎょけい》神事が行われるのだ。

遠く鎌倉時代末期、後醍醐天皇がこの池で水を掬《すく》うと、池の水面に、泡が一粒浮かび、しばらくおいてからまた次々と泡が浮かんだ。それに見立てたのが、このみたらし団子。

ひと串に五つの団子玉が連なっているが、最初のひと玉だけが少し離れているのはこの伝承に由来している。

初めのひと玉を人間の頭に見立て、残る四つを合わせて五体を表す。無病息災の願いを込めて食べる。

こんがり焼けた団子に、かなり甘みの強いタレがたっぷりとまとわり、うっかりすると頬をタレが伝う。

後を引く甘さ。ひと串では済まない。ひとりで家族全員の無病息災を願う。

「みたらし団子」
最高にウマイのです。みたらし団子は。
子供の頃から、大好きなものの1つです。
みたらし団子は、5つの玉であること。一番上
は離れてついていること。この5つは人体を
表していること。離ている一番上は頭であること。
これらのことは、割と最近知りました。みたらし団子
は、ウマイ団子というだけではなく、
無病息災を願うありがたい
お団子なのです!!
たくさん食べなきゃ!!

買

左京区下鴨松ノ木町 53 ✆075-781-1460

「○竹」の中華そば

巷にラーメンが溢れかえっている。テレビは、毎日のようにラーメン屋を紹介しているし、雑誌も毎月どれかがラーメン特集を組んでいる。インターネットを見れば、ラーメンオタクとでも呼びたくなるようなサイトがいくつも競い合い、コンビニには名店ラーメンを再現したカップ麺がずらりと並んでいる。世を挙げてラーメン時代に突入したようだ。京都の街もご多分に漏れず、街中にラーメンの字が躍っている。

京都のラーメン。こってり系の代表「天下一品」の全国制覇で、京都＝薄味、という誤解がかなり薄れてきたかに見える。ラーメンに限らず、京都の味つけは、外から見て感じられるほどには薄くない。このあたりは拙著『京料理の迷宮』をお読みくだされればいっそうご理解いただけるだろうとして、総じて京都のラーメンはこってり味が多い。

「天下一品」に代表される脂ギッシュ系。京都駅近くの「第一旭本店」「新福菜館」に見られる濃厚醤油系。そして最近人気急上昇中「東龍」のような野菜ポタージュ系。どれもが、あっさり薄味とはとても言い難い濃厚なスープで人気を呼んでいる。

京都のラーメン通で知られるハリー氏（本書の撮影担当）が興奮した口調で「ちょっとこれまでにないタイプ」と教えてくれたのがこの「○竹」の中華そば。

魚の出汁を強く効かせ、ほんのりと甘いあっさりスープは、クセになる味。これなら京都のイメージにもぴったり合う。これまたヒットの予感。

中京区竹屋町通堺町西入ル和久屋町 101　☎075-213-1567

「中華そば」
ああっウマそう!! 最近、ラーメンを食べたくってしょうがない、ワタクシにとって、この写真はたまりません。京都ってラーメンの街なんだよね。意外です。ガイドブックを見ると、ラーメンページがあるもんね。でも次回はこの「○竹」でこの中華そばを食べてみたい!! この卵! めちゃウマそ〜!!

「とようけ茶屋」の とようけ丼

京都の豆腐がなぜ美味しいか。その秘密は「京都の水」にある。豆もさることながら、豆腐の美味しさの決め手となるのは水である。京都盆地の地下に満々と湛えられた水甕。周りを囲む山々から流れ出る水。これらが織り成す水脈から湧き出《い》でる水を使った豆腐、もとより不味いわけがない。

しかし、戦後、京豆腐の名を一気に高めたのは、嵯峨釈迦堂門前の「森嘉《もりか》」である。絹漉《きぬご》し豆腐の滑らかさと、木綿豆腐の腰の強さを併せ持つ、稀有な豆腐としてその名を日本中に知らしめ、その地名から嵯峨豆腐と呼ばれ、京都ブランドの代表「京豆腐」の魁《さきがけ》となった。

京都を訪れたなら必ず京豆腐を、と願う旅人は多いが、いかんせん豆腐の命は短く脆い。土産に持ち帰るのは容易ではない。ならば食べるしかない。とはいっても冬なら京の風物詩ともいえる湯豆腐があるが、春夏に美味しい豆腐を食べさせる店は少ない。美味しい豆腐を食べられる店、割烹や料亭にまで足を運べばいいのだろうが、豆腐だけを、とはいかず、何より出費がかさむ。手軽に豆腐だけを味わえる店、豆腐屋自らが開けばいい、そう思い立ったのが北野天神近くの「とようけ屋山本」。「とようけ茶屋」と名付け、店を開いたのが平成四年。以来、修学旅行生も並ぶ、行列の途切れない店として繁盛している。うどんや丼、手軽なメニューが多いのも人気の理由。油揚げ、豆腐、椎茸、葱を甘辛く煮つけ、ご飯にのせたとようけ丼。ふうわりと、豆腐の旨さをストレートに味わえる。

上京区今出川通御前西入ル紙屋川町 822　✆075-462-3662